高齢期の生き方カルタ

～動けば元気、休めば錆びる～

三浦清一郎 著

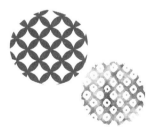

日本地域社会研究所

コミュニティ・ブックス

まえがき——「毎日が日曜日」をどうする

ある講演会の後、思いがけなく一人の参加者から、まだ「あのカルタ」はありますか、と聞かれた。偶然は重なるもので、別の場所でも同じことを聞かれた。続けて2回も聞かれたのである。お二人とも「もう少し認知症予防の活動を広げたいのです」とおっしゃった。残念ながら、保存用を除いてすべてなくなってしまった。

「あのカルタ」とは、永井丹穂子さん（＊）が指導されていた下関のリハビリ・サークル「再起会」の皆さんと一緒に作った「介護予防カルタ」のことである。

今回、永井さんからご賛同を頂いたので、前回は舌足らずだった解説に改訂の手を加えて、健康寿命の指針として書籍の形で出版することを思い立った。

カルタの文言と解説は筆者が担当し、複数の文言を提示して、リハビリ・サークルの皆さんに選んでいただいたものである。挿絵は当時の山口芸術短期大学の伊藤愛奈さんが担当してくれた。もちろん今回は、書籍として出版するので、絵はすべて省略する。

そういえば、あの当時、下関の皆さんも「毎日が日曜日」の「自由の刑（サルトル）」に苦しんでいた。それゆえ、永井さんは、社会福祉協議会のバスを借り出し、自ら添乗して、移動が難しくなった会員さんを迎えに行き、手を替え、品を替え、プログラムを工夫し、活動をサポートしていた。

リハビリ・サークルの活動趣旨を踏まえて、「介護予防カルタ」の眼目は「自由の刑」対策を中心とする健康寿命カルタになった。老後の無聊《ぶりょう》は手強い。隠居した多くの高齢者には、「やること」も、「行くところ」もない。無聊は高齢者を一気に衰弱に追い込む。「何もしないこと」の危険は分かっているが、社会から離れれば、「今日の用事（きょうよう）」も、「今日の行くところ（きょういく）」もなくなる。そして「何もしない日が続けば」、「何もしたくなくなる」。自らを鼓舞する明確な目標と目標実行の意志がない限り、何かしようというエネルギーは湧いてこない。

無気力な時間に流されれば、飯を喰って、散歩をして、風呂に入り、テレビを見てその日が終わる。やりきれない虚しさに押しつぶされて日が暮れる。そんな日が続けば、人間の精神は中から干上がっていく!!

現役時代に十分働いた高齢者が時の流れに身を任せて、安住してどこが悪いか、という声もあるが、無為の日常に安住できる人もいれば、できない人もいる。人生の終末の生き方は、人それぞれである。

子育ての義務を果たし、退職して初めて自分で自分の人生を決める時間と機会が到来する。せっかくの自由の機会を喜ぶべきであろうが、日々の充実・満足を自ら作り出すことは決して容易ではない。だから、「毎日が日曜日」は「自由の刑」になるのである。

年寄りは、意識して、努力して、自分で活動を創り出さない限り、朝起きても、行くところも用事もない。シルバー川柳には「朝起きて寝るまで特に何もなし」とあった。

現役時代に、「延々と続く自由時間の過ごし方」を企画する訓練は受けていない。現役時代の日々のスケジュールは、ほぼ他律的に決められていた。社会的「役割」も「責任」も根本は「他律」である。それゆえ、朝起きて、改めて、当日の目標を決めなければならない必要はほとんどなかった。学校も仕事もほとんどすべて、為すべきことは、「他律的」に決められていた。職業の大部分は、社会が決めるスケジュールで動くということである。自分の時間を自由に決められる日曜日が嬉しかったのはそのためである。

「他律」的生活が大部分であったからこそ、「自律の自由」が嬉しかった。休日にごろごろ寝そべっているだけで贅沢だと思えたのである。日曜日も休日もウイークデーの「不自由」の故に輝いていた。

仕事を離れて初めて、自由時間の使い方、自由な生き方の練習をしていなかったことに気付かされる。サルトルが言った通り、「毎日が日曜日」は、「自由の刑」であった。リハビリ・グループが当面したのも同様に「きょういく」と「きょうよう」の問題であった。

平均寿命と健康寿命の落差は縮まらず、公民館は、一見盛況に見えるが、少数の趣味とお稽古事のグループが占有的に活用しているだけで、社会教育は地域住民の底辺にまで浸透していない。結果的に、社会教育に縁のない多くの人々は「自由の刑」に苦しんでいる。

制作以来10年も経ったが、このたび、問う人があって、あらためて「生涯現役・健康寿命カルタ」の重要性に気付いた。

出版して広く世に問うことになれば、より多くの人の目に触れる。少しでも日々の指針として読者の皆様と共有できれば、一緒に作ったリハビリ・サークルの皆さんも喜んでくださることであろう。

＊永井丹穂子氏は、傘寿を過ぎてなお矍鑠《かくしゃく》とされ、現在は、「新老人の会」下関支部解散後に結成された「ニュー・エルダリーの会」の会長に就任され、活動を続けられている。

目次

まえがき――「毎日が日曜日」をどうする …… 2
I　休めば錆びる …… 9
1　誰も代わりには生きられない …… 10
2　高齢者の元気の構造――使わないから使えなくなる …… 15
3　「隠居文化」と戦え――平均寿命と健康寿命のギャップが埋まらない …… 18
4　「敬老文化」も、「親孝行文化」も、「隠居文化」も錯覚している …… 20
5　遠い原因と近い原因 …… 24
（1）遠い「原因（動機）」は見えにくい …… 24
（2）「原因」と「結果」の時間的距離 …… 24
（3）生涯学習政策は「自業自得」論――高齢者教育の責任放棄 …… 26
（4）学習や訓練を市民の選択に任せるのは、「丸投げ」であり、行政の

「不作為」である……29

Ⅱ　健康寿命カルタ……33
1　カルタは遊びと教訓の組み合わせです……34
2　生涯現役・介護予防の原理は、「社会から離れない」、「活動は止めない」、「楽はしない」の3つです……35
3　方法論は「読み、書き、体操、ボランティア」です……36
4　健康寿命いろはカルタ……38

あとがき――「ヒト」には戻らない！……128
1　休めば錆びる……128
2　生涯学習論は「自業自得」論……129
3　「ヒト」に戻さない努力が不可欠である……131

Ⅰ　休めば錆びる

1　誰も代わりには生きられない

新しく生きんとすれば
胸熱く
四季折々の花に逢う
今日はふたたび帰ることなく
誰も代わりには生きられない
彼方の果ては茫々なれど
覇気に輝き行かんかな

人間は一人では生きられない。だから、社会的動物なのだ。仲間や居心地のよい集団は、自分と目標が一致している。だから安心できる。「安心」は仲間の第一条件であろう。仲間は、自分の力以上に自分を引っ張ってくれる。仲間との集団活動は共感と同調がエネルギーをくれるのである。「みんな一緒は嬉しい」、「みんなと一緒にやるために頑張る」。それがエネルギーになるのである。老いて仲間を失うことが危険なのは、このエネルギー源を失うことになるからである。

健康寿命にとって最も大事なことは、仲間との交流であることが欧米の研究でわかってきた昨今である。

仲間集団は共通する目的や活動によって独自の価値を生み出し、そのメンバーに分け与える。集団の名誉は自分の名誉であり、その集団に属していることが誇りになる。仲間を誇らしく想えるのは、価値を共有するからである。何よりも集団は自分を認めてくれる時に最大の守り手になる。家族や集団が大切なのは、孤独や不安から自分を守ってくれるからだ。

しかし、同時に、集団は、同調圧力によって、個人に干渉する。だから、時に、気が進まなくても、みんなと一緒に行動することを要求する。メンバーである以上、「空気を読む」ことも、「みんなに合わせる」ことも義務になる。義務は、時に、鬱陶しさに変わる。仲間から「浮いたらおしまい」という「友だち地獄」（＊1）も生まれる。仲間付き合いも簡単なことではない。

それゆえ、生きるためには、「一人で生きる」ことも学び、仲間集団と自分との間を調整しなければならない。

諸富祥彦氏は、「ひとりを逆手に取れ」と助言している。「独りになりたい」、「独りで生きられれば、楽なのに……」、と思っている人は多いという。だから、「ひとり」で生きられるようになれば、人生はうまくいくと提案している（＊2）。ひとりの効用である。

ポイントは、「なぜそんなに無理して人間関係を維持しようとするのか」、「ひとりはみじめだ、と思い込むな」であるという。問題の背景には、孤独やひとりを否定的に受け取る文化があるのではないか、と諸富氏は指摘する。

その通りだ！「ひとりぼっち」は否定語だ！「ぼっちめし」とか「ボッ一」という言い方もその類いである。

諸富氏は、人間関係で疲れたり、落ち込んだりしている人に、積極的に「ひとりの時間」をつくろうと呼びかけている。

配偶者に先立たれた、われわれ「老いてひとり」組は、幸か不幸か、ひとりから出発している。一人暮らしは他人に気を使う必要はない。自分を律することさえできれば、「ひとり」のメリットを存分に生かすことができる。「ひとりになりたい」と溜め息をついている人を思えば、ひとりも決して捨てたものじゃない！　筆者はすでに諸富氏の提案の大部分を実行している。その核心を列挙すると次のようになる。すでにひとり者になっている身にとって特別難しいことではない！

①断捨離を実行しているので、気の進まない付き合いには「ノー」が言える。

②同じく、大事でないことは生活から排除し、大事なことだけに集中している。「老いてひとり」は、結果的に「シンプル・ライフ」になる！

③思ったことは行動に移そうと努力している。後期高齢者の今日は、「一番若

い日」である。残された時間はあまりない。
④「この人だけは自分を見捨てない」、という人がいる。どんなに有り難いことか！　神様にありがとうを言わねばならない。
⑤携帯や、ネットに支配されず、ボランティアや書くことを通して、社会との関わりは持つように務めている。「社会から離れない」、「活動を止めない」、「楽をしない」ことが元気の秘訣である。
⑥ひとりを律するのは簡単ではないが、「読み、書き、体操、ボランティア」のマイペースを維持しようとしている。
⑦花を育て、野菜を作り、花鳥風月ともそれなりに付き合っている。
⑧実行可能な目標を設定し、自己評価を欠かさず、できるだけ自分を褒めて、励ましている。独り者は自分以外に、褒めてくれる人はいない。

＊1　土井隆義『友だち地獄』ちくま新書、２００８年
＊2　諸富祥彦『孤独のちから』海竜社、２００６年

2　高齢者の元気の構造——使わないから使えなくなる

医学が「廃用症候群」に注意を喚起しているのは、使わない心身の機能は衰退するからである。身体（筋肉や心肺）の機能は適度に使うと発達し、使わなければ萎縮（退化）し、過度に使えば障害を起こす。

ドイツの生理学者ヴィルヘルム・ルーが「ほどほどの負荷」をかけるオーバーローディング法（Overloading Method）を提案したのも、適度な「負荷」のない生活は心身の機能を停滞させるからである。特に、高齢期は、加齢とともに心身の機能が衰弱するから、使わなくなればますます衰弱が加速する。

因みに、和英辞典を引いてみたら「廃用症候群」は Disuse Syndrome である。「使わない症候群」という意味だ。英語の方が単刀直入で、ずっと分かりやすい。年をとるから使えなくなるのは、「半分」だけで、残りは「使わないから」使えなくなるのである。頭も、身体も、精神も同じことである。

したがって、衰弱を抑止し、機能を維持し、自立的生活を営み続けるためには、人間の機能を使い続けることが不可欠だ。「使わない症候群」は医学上の原理に留まらず、教育上の原理でもある。特に、高齢期は、衰弱が加速するので、意識的・自覚的・計画的な「衰弱抑止訓練」が不可欠になる。高齢者教育には、「心身の機能の活用計画」、「自立のための意識改革」などが必要なのだ。

医療費や社会保障費を若い世代に負担させることになると考えれば、高齢者の楽しみごとや生活保障を手厚くする以上に、危機意識を持って高齢者教育や高齢者の自己鍛錬の奨励に資金を投入すべきである。

故に、高齢者の自侭《じまま》な選択に任せた生涯学習政策は間違いであり、高齢期の「安楽」な余生を保障することだけに重点を置いた社会保障政策は「敬老精神」の錯覚である。

健康寿命のカギは、老人福祉法（１９６３）の第３条にいう通り、「老人は、その希望と能力とに応じ、適切な仕事に従事する機会その他、社会的活動に参加する機会を与えられる」ことである。１９６３年当時の法の制定者の認識は極めて正確なのに、法が謳った精神と処方は実行されていない。

豊かになった日本は、やろうと思えば、やれるはずである。福祉も教育も、高齢者が「社会的活動に参加できる多種多様な機会」を、「どの程度」、「第一次生活圏である居住地域に準備したか」？　身の回りを見渡して、日常的に、高齢者の活躍を促す、教育やステージはあるか？　疑問を禁じ得ない。

筆者にも敬老の日の昼食会の案内がきたが、そうした年に一度の敬老行事で事を済ませてきた発想にこそ問題の根源がある。

3 「隠居文化」と戦え――平均寿命と健康寿命のギャップが埋まらない

平均寿命と健康寿命は、どちらも伸びているが、両者のギャップが埋まらない。

健康寿命とは、「人間が心身ともに健康で自立して活動し、生活できる期間」をいう。日本は、平均寿命が、香港に次いで世界第2位、健康寿命は世界一だが、両者の「差」が縮まらない。

原因は隠居文化にあると考えられる。日本社会では、「社会的務め」を終えた高齢者は保護や労りの対象となり、退職後の余生を楽に暮らさせてやりたいという発想が出発点になる。「隠居」と思えば、「のんびり暮らそう」と考えがちになるだろう。

しかし、健康寿命を維持できなければ、彼らが老衰する終末には、個人的にも、社会的にも大きな問題が待ち受ける。健康寿命の条件は3点、どれが終わりになっても、さぞ辛いことであろう。

「自分のことは自分でできる」

「行きたいところへ自分の力で行ける」

「介護の世話になっていない」

平均寿命と健康寿命の落差は、女性で平均12年、男性で平均9年である。健康寿命を失い、自立を失い、社会や第三者に依存して生きなければならない晩年の無念と悲哀は、恐らく若い世代の理解を越えているであろう。

人生は80年時代、今では１００年時代だという人もいる。長生きの核心は「健康寿命」なのに、現代日本の教育政策には、「学習奨励」だけがあって、「教育」がない！　健康寿命を維持する「生涯教育」を「生涯学習」に置き換えている。

教育も訓練も準備せず、「皆さん、ご自分で」と言っているだけである。高齢者の社会参画を推進する事業プログラムも決定的に不足している。

4 「敬老文化」も、「親孝行文化」も、「隠居文化」も錯覚している

日本文化は、未だに人生50年時代の生き方を引きずっている。老後は安楽に、のんびり生きる、というのは、残された老後が短かった「人生50年時代」の生き方である。敬老文化も、親孝行文化も錯覚して、過去を引きずっているのだ。人生50年時代の敬老観も、親孝行の指針も、安楽な余生が目標になっており、健康寿命にとって極めて有害である。

仕事や子育てが終わると、誰もが隠居気分になり、「やれやれ終わった」、「のんびりいくぞ」という気分になる。老後を「のんびり生きよう」というのは、「楽隠居」や「安楽余生」論の発想である。「のんびり」も「安楽」も、がんばることをやめて、「負荷」は避けたいということだ。

親孝行の子どもは、「親に楽をさせたい」と思うようになる。親が甘えれば、現役時代に比べて、「頭は使わない」、「身体も使わない」、「気も使わない」と

いう結果になる。換言すれば、「心身の機能を使わなくなる」ということである。老親にとって「よかれ」と思う親孝行が、健康寿命にとっては最も大きな障碍になる。

問題の核心は、人間の「快楽原則（フロイド）（＊1）」を甘くみていることである。快楽欲求に身を任せて、心身に「負荷」をかけない生活を望めば、健康寿命は実現できない。健康寿命の敵は、「隠居文化」であり、「親孝行文化」であり、「安楽余生」論である。

健康寿命は「楽して、生きる」方法では手に入らない。特に、老衰が加速する高齢期においては、心身の自立を維持するため、一定のトレーニングを必要とすることは当然である。子どもに頑張れというように、高齢者にも頑張れと言わなければならない。高齢者教育が重要なのはそのためである。

もちろん、政策当局は、敬老文化にしたがって、高齢者に対する尊敬や敬意の象徴として、退職後の「パンとサーカス」を手厚く保障しようとしたのである。伝統的な「親孝行文化」が影響していることも関係者の言動を見聞すれば想像がつく。

しかし、現実は人生80～１００年時代に当面しているのである。高齢者が自立的に「生きる力」を存続できなければ、財政的に、後続世代も共倒れになる。「親孝行文化」も、部分的には、当然破綻している。介護保険の導入は、家族制度や親孝行文化の限界を自覚した結果である。この教訓を、文科省の生涯学習政策は学んでいない。高齢世代には、任意の学習以上に老衰防止の他律的な教育と訓練が必要なのである。

若者の川柳には、「親孝行したくないのに親が生き」という象徴的な表現も出てきた。

文科省に限らず、福祉分野がとった施策も「保護」と「安楽」に重点を置いた点で大いなる間違いである。人生50年時代の敬老観も、親孝行の方法も、安楽な余生をめざしているならば、健康寿命にとって有害以外の何ものでもない。

現代の高齢者にこそ、健康寿命の訓練、老後の社会参画、生き甲斐の追求が不可欠だからである。

（＊1）快楽原則……精神分析の用語。快楽を求め、苦痛を避けようとする人間の特性をいう。この原則を抑制して、社会の必要や人生の実情に合わせようとする特性は、「現実原則」と呼ばれる。

5　遠い原因と近い原因

(1) 遠い「原因(動機)」は見えにくい

犯罪の大部分は、直近の動機に基づく加害と被害で成り立つ。それゆえ、松本清張は、解明が難しい遠い動機に基づく犯罪小説を書いている。代表作は『砂の器』である。また、動機を隠し、無罪の条件を整える期間を待つため、犯罪の実行を遅らせるという小説も書いている。それが『一年半待て』である。遠い動機は証明が困難だからである。犯罪の理由が遠い過去にあるとすれば、敏腕の刑事でも、昔の「原因(動機)」と今の犯罪「結果」を結びつけることが難しいことは分かっている。

人間の発想も社会の仕組みも遠い原因(遠因)の責任を問うことは稀である。遠い原因は、現在の結果に対する因果関係を証明することが極めて難しいからだ。

「禁煙」の法律が議論されるようになったのは、若い時代からの喫煙が自分にも、他人にも、肺がんに繋がる事実がようやく医学的にはっきり証明できるようになったからである。

(2)「原因」と「結果」の時間的距離

医療の「原因――結果」の時間的距離は相対的に短く、教育の「因果関係」の時間的距離は相対的に長い。

原因が近ければ、結果は見えやすく、因果関係は短時間の内に予想も解明もしやすい。「手術が必要です」と言う時も、「放っておくと命に関わります」と言う時も、医師の診断と治療は、相対的に、近い「原因――結果」の関係を想定している。

ところが教育上の結果は、相対的に、人生の長い時間の向こうに「原因」があり、「結果」が出るのはずっと後である。教育上の診断、処方、治療は、相対的に、長い人生を展望する中で行なわれる。

「ひきこもり」や「ニート」は明らかに幼少期の子育ての失敗に起因するが、結果が出るまでの時間が長い。その間に、複合的な要因が絡むので、明確な診断も、処方も出しにくい。かくして、教育論が紛糾するのである。彼らが「高齢化」しているのは、原因の究明と対処に失敗しているからである。

（3）生涯学習政策は「自業自得」論——高齢者教育の責任放棄

高齢者の平均寿命と健康寿命の落差が縮まらないことにも、遠い原因が関係している。

先述の通り、隠居文化も、親孝行文化も、定年退職者・子育ての終了者に、「のんびり・楽しい余生」の「楽隠居」が理想だと教えている。それゆえ、多くの定年者は、労働の義務から解放され、前期高齢期を、社会から離れ、楽をして暮らそうとする。遠因は文化である。

のんびり暮らせば、活力維持に不可欠な心身の「負荷」から遠くなることは必定である。社会も子どもたちも、「敬老」を信じて、年寄りに「楽」をさせることに傾けば、誰も不可欠な「負荷」のことをいわない。高齢期に適切な負荷をかけなければ、一気に老衰は早まる。「楽隠居」は高齢者を破滅に追い込むのである。

文科省が、「皆さんの自発的な学習にお任せします」といっている生涯学習政策は、結果的に、行政の「不作為」である。この不作為は高齢者教育を軽視し、教育の使命を放棄している。人々の自発的学習ばかりを強調することは、老衰や健康寿命を個人の自己責任に帰す結果を招く。

運動・睡眠・食事のバランス・仲間との交流など、健康についての教育処方を守らない高齢者は、疑いなく老衰が早まり、健康寿命に悪い影響が出る。今では、分かり切ったことである。分かり切ったことなら、なぜ教育や訓練に力を入れないのか？

人間の特性が「快楽原則」である以上、安楽な余生が「早期の老衰に繋がる」と考えて対処する人ばかりではない。「快楽原則」を甘く見てはならない。個人の自覚と選択に任せれば、必ず対処にばらつきが出る。生涯学習政策の落し穴がそこにある。つまるところ、生涯学習政策というのは、「やらなかったあなたが悪い」という「自業自得」論になるのである。

もちろん、高齢期の老衰は様々な原因が絡み、原因と結果が出るまでの時間的経過も長い。それゆえ、政治や行政は、適切な教育を怠ったとしても、「結果責任」を問われない。

現在の施策は、人々に必要な情報や助言を提供するだけである。後は個人の責任に帰することができる。「自分のことは自分でしっかり管理しなくちゃ！」といっていればすむのである。

（４）学習や訓練を市民の選択に任せるのは、「丸投げ」であり、行政の「不作為」である

「生涯学習」政策は、個人の「学習要求」に重点を置き、教育の必要」を軽視している。個人の選択を強調することが、教育の民主主義だと勘違いしている。学習や訓練を市民の選択に任せるのは、「丸投げ」であり、行政の「不作為」である。

学習を民意に任せることは、民主主義に照らして、一見、正しいように見えても、教育的には間違いである。教育処方は、「原因」が「結果」に至るまでの時間が長いので、政治も行政も、自侭な「学習」の「危険」についての責任を負わない。

教育処方は、通常、長期戦だから、医療の処方のようにそれを守らなければ早い段階で、患者の病気は重くなり、やがて死に至るという切迫性に欠けている。医者が病気の原因を放置したら医療責任を問われるが、教育行政は、衰弱

する高齢者を放置しても「生涯学習は大事です」といってさえいれば、行政責任を免れる。運動処方も、食事処方も、医者任せにし、社会参加は個人任せである。

健康処方でも、教育処方でも、平均寿命と健康寿命の落差が縮まらず、財政が困窮し、処方を守らなかった人たちの犠牲が大きくならない限り、政治や行政の責任を問う声は恐らく出てこない。事故が起こるまで、交差点に信号機がつかない現象に似ている。

公金を使って行なう教育政策は、個人の自侭な学習に任せないで、社会の必要に対処することを優先すべきである。公的社会教育行政のサービスは「個人の要求」に対応するだけでなく、「社会の必要」にも応えるべきである。今や、公民館は、「趣味」と「習い事」で満杯だが、大多数は常連さんだから、好きな趣味・お稽古事活動も地域住民の全体に行き渡っていない。

生涯学習推進の看板の下に行なわれた社会教育は、一部の個人の要望に応えることに終始し、社会の必要に応えることにはなっていない。生涯学習政策の背景にある自己責任論は、政治や行政の「不作為」を、論理的に「免責」する結果をもたらしているのである。

II

健康寿命カルタ

1　カルタは遊びと教訓の組み合わせです

カルタ文化の伝統と文化を支えてきたのは百人一首です。それゆえ、5・7・5・7・7の短歌のリズムは、多くの人々に身近に感じてもらえると想定しました。しかも、短歌調は「犬棒カルタ」調のいろはカルタの倍の情報を盛り込むことができます。

全国の大部分の新作カルタが、「いろはカルタ」調の簡単な短文でできているのに対し、「生涯現役・介護予防カルタ」は、百人一首にならった31文字の短歌調を採用しました。最大の理由は生涯現役・介護予防の教材足り得る情報量を確保したいと考えたからです。もちろん、具体的な説明が必要だからといって、くどくなりすぎれば、誰も遊びには使ってくれません。文言の長短やリズムを調節するさじ加減が難しいところでした。

2　生涯現役・介護予防の原理は、「社会から離れない」、「活動は止めない」、「楽はしない」の3つです

体力や健康を失うことは辛いことですが、まだ人生を失ったわけではありません。しかし、頭の働きを失えば、「認識すること」、「考えること」、「判断すること」、「決定すること」などを失います。それは自分を失い、人間の特性を失うことです。自分を失えば、やがて、自身の健康も人生も失います。

高齢者が元気に生きるカギは、「あたま」にあり、「考え方」にあります。

このカルタが目標とする「生涯現役」の生き方は、「安楽な余生だけを求める生き方」や「何もしようとせず、のんびり暮らしたいという生き方」の対極にあります。

3　方法論は「読み、書き、体操、ボランティア」です

生涯を現役としていきいきと生きよ、と命じるのも「あたま」であり、「介護の世話にならずに済むよう、がんばって精進せよ」と命じるのも「あたま」です。

生涯現役は、社会に参画して文字通り「現に」、「人々の役に立つ」生き方をめざしています。そのため、カルタの制作では、生涯の健康を維持し、介護の必要に至らぬよう「あたま」を働かせ、老後の活力を維持することに最も重点を置きました。

カギになるのは「感謝の思い」、「過去にとらわれない前向きの姿勢」、「興味・好奇心・学ぶ姿勢」、「人を喜ばせる行為」、「健康志向」の5つです。

具体的になすべきことは、たった4つです。「読み、書き、体操、ボランティア」です。たった4つでいいのかとお思いになるかもしれませんが、この4つ

を自分の日常に習慣化していくことは決して簡単ではありません。

子どもに「がんばれ」というように、われわれ自身にも日々「がんばろう」といわなければならないのです。

4　健康寿命いろはカルタ

いそがない

一度止まって　気を張って

深呼吸して　手すりを持って

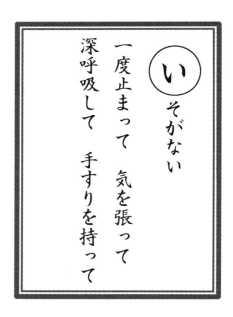

深呼吸がよいのは、階段の昇り降りに限ったことではありません。何か事を始める時には、一度大きく息を吸って、次にお腹から息を吐いて、心身をリラックスして取りかかるのがいいと脳生理学が証明しています。

階段の昇り降りで、転んだり怪我をしたりすることが多発しています。「階段・段差に気をつけよう」というだけでは、具体的な心構えや動作が分かりません。注意事項はできるだけ事故の理由を知り、意味を知ることが大切です。ここから階段ですよ、と一度注意を喚起して、深呼吸で気分を和らげ、再び気合いを入れ直します。これまでの自分を過信しないで、必ず手すりを持つようにしてください。高齢者は、「ゆっくり」でいいのです。「ゆっくり」が大事なのです。思わぬところに事故は隠れている、とみなさんがいっています。

ろ
うねんの
整理整頓・遺書・遺産
旅立つ前に　謝辞整える

老後の整理整頓は、「シンプル・ライフの勧め」です。億劫で、辛いことですが、高齢期の最後は自分の人生の整理をしなければなりません。遺書や遺産のことはもとより、時には死期を意識した終末医療の際の、「尊厳死」宣言を書いておきたいという方もいらっしゃると思います。

多くの高齢者はまだ「リビング・ウイル」という表現をご存知ないかもしれませんが、いわゆる「植物人間」になっても生き続けるか否かは、どこかで自分が決めておかなければならない現代の問題だと思います。

は

はなを愛で
風に歌って　木を撫でて
一期一会の　縁を忘れず

春の観桜会、秋の観楓会、四季折々に花鳥風月を愛でるのは日本文化の伝統です。

大部分の社会的義務から解放された高齢期は、自然を見る目にも余裕ができ、格別な味わいがあります。プランター一つでも、花や野菜が育つのに癒されます。

古人は、「年々歳々花相似たり、歳々年々人同じからず」、と歌っています。「末期の目」で見る自然の美しさを書き残した人もいます。老いれば、ますます出会いは一期一会です。この世に生を受けたことを感謝し、自分の一生を支えてくださった人々の恩を思いながら人生を終わりたいものです。

(に)こやかに

人と交わる　心がけ

明るく元気　いやごと言わず

「いやごと」というのは、不平や文句を意味する長州の方言です。下関のみなさんから教わりました。

人間関係は相互作用です。笑顔には笑顔が、あいさつにはあいさつが返ってきます。お互いの気の持ち方で仲間の交流は明るくなり、ストレスも退散します。

前向きに生きれば自分が元気になり、明るく生きれば周りを元気にします。人を喜ばせれば、喜びは自分に返ってきます。「人が動けば元気に出会う」のです。

ほめられて
必要とされ　喜ばれ
元気をもらう　人の世話

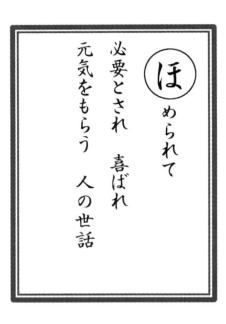

定年後や子育てを終わった後は基本的に社会の役割や責任から離れます。しかし、何一つ他者や社会に対して役割を持たず、責任も果たしていないということは、「必要とされていない」ことに通じます。

日本のシステムでは、なかなか高齢者に社会参加の機会はありませんが、公民館や福祉センターへ行ってみましょう。私たちの助けを必要としている人々がいます。ボランティアは他者の役に立つことですから、職業以外で唯一、人々の感謝や拍手をいただくことのできる活動です。「必要とされること」は、「世の無用人」（藤沢周平）の心の救いになるのです。

へい越しに
お隣様に　ご挨拶
木にも花にも　こんにちは

個人主義が浸透した自由社会の裏側は、「無縁社会」です。人々は自分の関心事に集中し、自己都合を優先します。こちらからごあいさつをしない限り、相手のご返事は返ってこないでしょう。無縁社会の近所付き合いは難しいことですが、とにかくごあいさつから始めるしか方法はありません。

お出かけの時も意識的にごあいさつや簡単な頼みごとをすることがご近所コミュニケーションの第一歩です。

と

ともだちと
週に一度は　よく食べて
たくさん話し　たくさん笑う

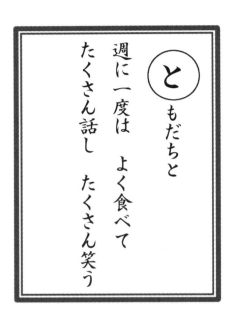

老後の最大の危険は孤立と孤独です。だから仲間が大事で、交友が大切です。公民館などの社会的な活動は社交を生み出し、新しい縁も育んでくれます。

仲のいい友人たちと過ごすひとときは、高齢期の至福の時間です。生き甲斐にも、健康にもいいことはもちろんです。認知症の予防にも絶好です。「楽しいおしゃべり」は、「脳トレ」だからです。茶飲み友達は生活のオアシスです。サロンや地域行事に進んで参加し、仲間ができたら、自分たちで「もちより」茶話会や食事会を工夫してみてください。

ち

かいます

日々の挑戦　終わりまで

我が晩年を　ご照覧

できれば美しい晩年を全うしたいものです。「美しい晩年」の定義は、人それぞれですが、何をするにせよ、人生を美しく終わりたいと願うことは、衰弱と死に向かって降下する自分自身との戦いであることは間違いないでしょう。健康寿命が大事なのは、そのためです。

やがてくる「死」と如何に戦うかで、個人の矜持や自尊や人生の美学が問われることになります。子どもに「がんばれ」というように、われわれ自身にも「がんばれ」といいましょう。「命」は不思議です。がんばれば、応えてくれます。健康寿命は、晩年を美しくしようとする日々の実践の彼方にあります。

りんとして

逝かむとすれば　凛として

生きる準備を　怠らぬこと

「凛として」生きるという中身もまた人さまざまです。31文字の表現限界ですが、高齢期の「生きる姿勢」が大事だということです。人それぞれである以上、具体的な「姿勢の中身」を確定することはできません。

しかし、多くの方々が、準備怠りなく、最後まで取り乱すことなく、残る人々に迷惑を及ぼさぬように心がけ、感謝の言葉をもって人生を終わりたいとおっしゃいます。その心がけを抽象的に表現すれば「凛として」ということになるのではないでしょうか。

「凛として生きる方法」があるわけではありません。最後まで「がんばって生き抜こうとする気持ち」が凛として生きることにつながるのです。

ぬ

かるみも
時雨れるときも　風の日も
乗り越えられた　感謝忘れず

高齢者はみんな今日までがんばって生き抜いてきたことはまぎれもない事実です。しかし、もちろん、誰一人、自分一人で生きられたはずはありません。支えてくれた人、叱ってくれた人、一緒に泣いてくれた人などたくさんの方と出会ったはずです。

人生の最後は人生の総括です。この世を去るにあたって、気持ちの安定を保つためには、世の中と繋がり、他者への感謝や思いやりの気持ちをもつことが極めて重要な働きをします。

人間の脳は不思議な働きをします。普通、幸せだから感謝するとお考えかもしれません。脳生理学によると、実際は逆だそうです。感謝するから幸せになるというのです。感謝を忘れない生き方は、老後の人生を変えるのです。

る　すの日は
戸締まり　火の元　ご近所に
出かけますのでお願いします

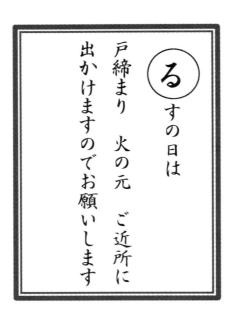

高齢期はだれでも「うっかり」が増えます。忘れ物も多くなります。お出掛けの時は自戒を込めて留守の安全を確認しましょう。「無縁社会」の近所付き合いは、誠に難しいことですが、ご挨拶や防犯のお願いごとなど意識的にご近所とのコミュニケーションを図ろうと提案しています。

まずは、自分の働きかけが相手を動かし、人間関係を創っていきます。「情けは人のためならず」です。「人へのやさしさ」は必ず自分へ返ってきます。「自分のためのボランティア」です。

を

かげさま

おたがい様です　人の世は
情けは人のためならず
自分のためのボランティア

ボランティアの効用は、日本の言諺「情けは人のためならず」と同じです。いささか字余りになりましたが、他者に寄せる親切な思いは回り回って「自分」に返ってくるものだという意味です。

「あなたにお会いできて良かった」、と言ってもらうことが、その人にお会いした「居甲斐」を支えてくれます。「私のやったことであなたが喜んでくだされば、それが私の喜びになる」というのも脳生理学の証明するところです。

わ
すれよう
過ぎた昔は　戻せない
あなたがあなたの明日を創る

心身の健康を保つためには、過去にとらわれず、前を向いて生きることが大切です。ある意味では楽天的に、また別の意味では積極的に未来に向かって自助努力を積み重ねることが不可欠になります。

小さくても新しい目標を決めれば、必ず「新しい明日」がきます。「新しい明日」はあなた次第で創れるのです。啄木もつぎのように詠っています。

「新しき　明日の来るを信ずといふ　自分の言葉に嘘はなけれど」。

がんばろう
誰かが見てる　がんばれば
最後はあなたが
あなたを見てる

動かないから動くことが億劫になり、動くことを止めるから最後は全く動けなくなり、寝たきりになるのです。根本の原因は考え方であり、暮らし方です。高齢者の健康寿命は、意識して、がんばって、自身に適切な「負荷」をかけ続けることです。

生きる目標さえ失わなければ、毎日、適度の活動を続けることができます。後期高齢期の衰弱は、月に一度や二度の転倒予防教室や介護予防教室で防げる問題ではありません。高齢者の最後の生き方を決めるのは、目標に向かって進む「自分のがんばり」や「自身の生きる美学」です。

特に、独りになった高齢者は、誰が見てくれなくても、自分が自分を見ています。「自分を褒める」生き方を貫きましょう。

よ

めない　書けない

話せない

歩かなければ　歩けない

使わなければ　使えない

医学の言う「廃用症候群」とは「使わなければ使えなくなる」、という意味です。英語では、文字通り、Disuse Syndrome（使わない症候群）といいます。人間の心身の機能は誠に不思議な性質を持っています。使い過ぎると壊れますが、使わないと身体が不要だと判断して、機能が衰退してしまうのです。

それゆえ、ほどほどの「負荷」をかけて使い続けることが重要になります。スポーツ生理学では、選手の鍛練を「オーバーローディング法」と呼んでいます。「オーバー」とは「～を越えて」という意味ですから、「現在、自分ができる程度より負荷を大きくして」がんばるということです。「適切な負荷」の効用については、若者も、高齢者も同じです。

たつ鳥の
跡を濁さず　われもまた
捨つべきを捨て
断つべきを断つ

介護予防や生涯現役を志して生きようとも、いずれ加齢とともに老衰は進みます。歳をとるとしみじみわかりますが、人生も自分も思うようにはなりません。まさしく、人生は四苦八苦です。

初めの四苦は生老病死。次の四苦は、第1が愛別離苦《あいべつりく》(愛する者と別れる苦しみ)、第2が怨憎会苦《おんぞうえく》(怨み、憎しみあう苦しみ)、第3が求不得苦《ぐふとくく》(求めているものが得られないことから生じる苦しみ、第4が五蘊盛苦《ごうんじょうく》(執着する苦しみ)です。「五蘊《ごうん》」とは色・受・想・行・識だといいます。しかも、生きとし生けるものの中で、人間だけが「死の必然性」を自覚しています。それゆえ、叶わぬことは諦め、捨てるべきは捨てなければなりません。「跡を濁さず」とは「シンプルに」、なるべく「迷惑をかけぬよう」という意味です。

れんらくは
メモして　メモ見て
念のため
も一度復唱　再確認

社会に参画して生きるためには、社会人に要求される正確さや確実さが大事です。忘れっぽくなった高齢者にメモは不可欠です。メモを工夫することは、「報連相《ほうれんそう》」（報告・連絡・相談）を大事にすることです。

また、こまめにメモをとることは、読み書きを工夫することに通じています。

高齢期はあらゆる面で意識的な慎重さと用心深さが事故を防ぎ、身を守ります。

そ

れくらい

自分でしよう　がんばって

時には人の　お役に立とう

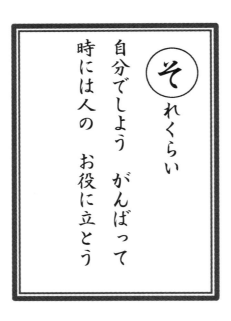

世間では生き生きと老後の活動をなさっている方を「お元気だからいろいろ活動なさっている」といいます。しかし、高齢者の実態を調べてみると、事実は逆です。「いろいろ活動なさっているから、お元気なのです」。活動は、頭を使い、身体を使い、気を使います。

「廃用症候群」の概念が指摘している通り、人間の機能は使わないと衰えます。適切に使い続けていると衰えにくいのです。高齢者の活力維持には、毎日、バランスよく心身にほどほどの「負荷」を掛け続けることが秘訣です。

つ

かい過ぎれば

壊れるけれど

使わなければ衰える

日々さじ加減　老いのコツ

「ロコトレ」とは、ロコモーション・シンドローム（運動器障害）を予防するストレッチやバランス体操のことです。高齢者の運動機能の衰えを防止する健康法の総称です。「曲げて」、「伸ばして」、「縮んで」、「跳んで」、とにかく長く「動き続けるためには」、日々「動くこと」が大切です。毎日の運動はもちろん、日々の暮らし方を工夫して日常生活の自立度を低下させないことが目的です。一番具体的で、簡単な、ロコトレを習慣化することが、高齢者の老衰防止策を実行する最初の一歩になります。

ロコトレに限らず、老化の防止策は毎日実行する姿勢が基本です。小林弘幸氏の著書に、『死ぬまで歩くにはスクワットだけすればいい』（幻冬社）があります。雨天でも、部屋の中でも、椅子につかまってもできるのが利点です。

ね

たきりは
動かない故　ご用心
ねん挫　骨折　転倒予防

高齢期では、自分で動くことができなくなることが一番危険です。それゆえ、「転ぶこと」が一番危険です。骨も脆くなっています。高齢者が骨折などで寝たきりになるとたちまち使わない筋肉は落ち、関節は固まってしまいます。動かなければ、活動が頓挫し、あらゆる機能が低下します。

動かなければ、動けなくなります。「寝たきり高齢者」は、「寝かせきり」にしたからだと分かってきました。暮らしの中の自損事故にはくれぐれも注意しましょう。

な

にごとも

習わにゃできない　日々精進

練習せねば　上手にならぬ

教育の三原則は、「やったことのないことはできない」、「教わったことのないことは分からない」、「練習しなければ上手にならない」の３つです。

子どもも高齢者も同じです。私たちは凄まじい変化の時代に生きていますが、怖がらずに、新型携帯からコンピュータまで、新しい時代の新しい機器にいろいろ挑戦してみましょう。

物事への興味や好奇心を失うことは、ボケの始まりで、精伸の固定化の危機を招きます。精神の固定化とは、昔やったようにしかできなくなるという状態です。何でもいいですから、何か新しいことを始めてみると興味や好奇心が湧いてくる、というのが人間の脳の働きです。どうぞ試してみてください。

ら

くすりゃ　自身の
身が錆びる
がんばらなけりゃ
心も錆びる

生理学者ルーは、「ルーの三原則」と通称される重要な指摘をしています。「人間の持つ機能は、①使わないと衰え、②使い過ぎると壊れるが、③ほどほどの負荷をかけて使えば発達を促し、維持することができる」というものです。

ちなみに、「休めば錆びる」とは発明王エジソンの名言「Resting is Rusting」です。高齢期は特にそうなります。

筆者も、長年自転車に乗らなかったら、練習し直さないと乗れませんでした。体得したバランス感覚が錆ついていたのでしょう！　強烈な体験でしたので、「休めば錆びる」の文言を本書のサブタイトルに借りました。

むねを張り
背筋を伸ばし　大股に
足は第二の心臓だから

健康カルタはたくさん作られていますが、文言が短いため、「なぜ」とか「どのように」などの具体的な説明が不足しています。「父さん体操、１、２、３」だけでは、なぜ運動が大事なのか、どんな運動が必要なのかは分かりません。毎日の散歩のコツが分かり、「歩くこと」の重要性の意味が分かるように表現してみました。

自然に触れ、天地の霊気を受けると、人間は快感ホルモンの分泌が活発化して幸せを感じるそうです。だんだん、脳の仕組みが分かってきているのです。

(う)

ごかにゃ　すべて
衰える
生涯学習　人生分ける
頭は老後の　司令塔

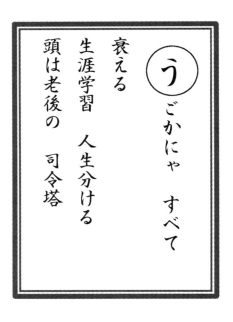

高齢者は頭の働きを維持することが最重要課題です。頭が衰えることは、人生の司令塔を失うことです。食事療法も、運動療法も、仲間との交流も、自己に鍛錬を命じることもできなくなります。健康寿命の自覚もなくなります。体操だけでは危険です。川柳も「足腰を鍛えて徘徊恐れられ」といっています。

「壮にして学べば、老いて衰えず、老いて学べば、死して朽ちず」（佐藤一斎）です。読み、書き、学習を怠らず、頭の働きを守りましょう。世間は認知症1千万人時代がくると騒ぎますが、半分以上は、頭の働きが衰えた「ボケ」です。「症」の字は「病気」を意味しますが、ボケは病気ではありません。足腰が弱くなっても、「足腰症」といわないのと同じです！　ボケは、日常の読み、書き、会話で防ぐことができます。

(の)うトレは

友とおしゃべり　食事会

朗唱　カラオケ

「健康カルタ」

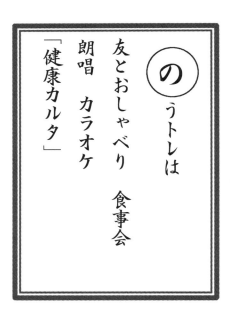

老後の生涯学習は高齢者の「脳トレ」に最適です。「脳トレ」という生涯学習をするのではなく、生涯学習こそ最高の「脳トレ」なのです。また、生涯スポーツは最善の「ロコトレ」なのです。

「脳トレ」や「ロコトレ」は、1本の「木」に過ぎませんが、生涯学習や生涯スポーツは、樹々が集まった「森」なのです。

生涯学習を促す生涯教育は、生涯活力の元だとお考えください。ご近所の公民館やカルチャーセンターを探検し、自分のお気に入りの活動を始めてください。それこそが健康寿命の第一歩です。

お
いの日の
友は得難き　宝なり
互いに支え　互いに尽くす

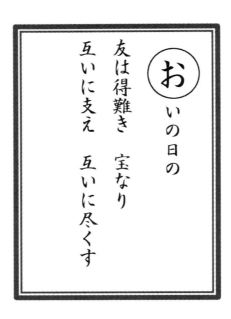

新しい出会いは、3つの「活動の縁」がもたらします。趣味やお稽古事は、気が合う者同士の「同好の縁」に繋がります。生涯学習で机を並べれば、向学心が共通な仲間との「学習の縁」に広がります。ボランティアのように人に尽くす生き方を共有すれば、「志の縁」で結ばれます。

仕事から引退し、子育てが終われば、老後の人間関係は先細りしていきます。新しい縁を探して、新しい仲間と交流することは健康寿命にとって決定的に大事です。「活動の縁」こそが、老いの日の社交や社会参加や社会貢献を支え、人生を豊かにしてくれる秘訣です。

ぐ

ちらない

くよくよしない　ひがまない

人の振り見て　わが振り直す

老後はあらゆる面で個人差が大きくなり、「満足――不満足」の思いも、「幸――不幸」の感覚の落差も大きくなります。失敗にとらわれれば、愚痴の一つも出るでしょうが、どうがんばっても、もはや過去を変えることはできません。愚痴や不満は伝染し、自分の士気にも関わります。

「不満病」に感染しないよう、前向きに、積極的に、明るく生きましょう！

愚痴多き人、不満多き人を寄せ付けず、昔のカルタのように「人の振り見て、我が振り直す」です。愚痴多き人は、「反面教師」、「他山の石」として暮らしましょう。

(や)る気ない
食べたくもない　出たくない
そんな日もある　土いじり

そんな日もありますね。人間も自然の一部です。土や山川草木に癒されるのは、人間の中の自然性が花鳥風月に反応するからなのでしょう。しばらく花鳥風月に親しみ、自然に接していると天地の霊気を感得して、必ずお元気になりますよ。

種から芽が出て、野菜がすくすくと育ち、収穫ができたら思わずバンザイです。育てるという行為は、人間に日々の生活に意味を与えてくれます。お日様と散歩を組み合わせれば、ストレス解消の妙薬だそうです。

地球の自転に合わせ、太陽と一緒に暮らす体内時計のリズムは、人間・動物に共通で、「サーカディアンリズム」と呼ぶそうです。

(ま)ち合わせ
急がず　慌てず
駆け出さず
バスも電車も10分前

運動器障害（ロコモーション・シンドローム）が起こってくると、「急ぐこと」、「慌てること」が事故の最大原因になります。高齢者は上げたつもりの足が上がらないからつまずくのです。視力が衰えてくれば、視野が狭くなり、目測も間違えます。

階段や段差は特に危険です。骨も脆くなっている可能性があるので転んだら骨折の危険性があります。骨折したら高齢者の治療は時間がかかり、動けない日々が続きます。動けなければ、活動を停止するしかありません。心身の各所に、「動かないこと」が原因の「廃用症候群」が起きます。

とにかく、高齢者はゆとりを持って「時間前行動」が原則です。「急いだり」「慌てたり」することは怪我のもとで、ストレスのもとです。

(け)んこうは

自分で作る

生き甲斐は　自分で探す

生涯現役　心意気

高齢社会では、生涯学習を「選んだ人」と「選ばなかった人」の間の各種の「格差」が拡大しています。生涯学習を選んだ人は、頭を使い、身体を使い、気を使います。それゆえ、「格差」は頭に出て、身体に出て、気に出ます。

それらが「知識格差」、「情報格差」、「健康格差」、「交流格差」、「生きがい格差」、「自尊感情の格差」などです。高齢期に入って、活動しなければ、あらゆる心身の機能が衰えるのは当然の結果なのです。歳をとったことが原因で衰えるのは、半分です。

残りの半分は、使わないから衰えるのです。元気だから活動するのではありません。活動するからお元気なのです。健康は自分で守り、生き甲斐は自分で探すしか方法がないのです。

ふり返る
昔は今に　戻せない
始める事に　しめきりはない

高齢者の血縁、地縁、職場の縁は加齢とともに先細りします。引退して、楽しい社交が減ってくるのは黄色信号です。

人との交流が減ってきたなと自覚したら、新しい縁を探しましょう。新しい縁は「活動から生まれる縁」です。「同好の縁」、「学びの縁」、「志の縁」と書いた通りです。「犬も歩けば棒に当たる」ように、「人が動けば縁に出会う」のです。

自覚した高齢者には、「選択縁」（上野千鶴子）という主体的な生き方が残されているのです。

こ

うきしん

居甲斐　やり甲斐
生きる甲斐
老いてもやる気　冒険心

　好奇心や冒険心は精神を生き生きとさせます。新しいことを探さないと精神が「固定化」します。「固定化」とは、昔やったようにしかやれず、昔考えたようにしか考えられないという状態をさします。固定化を防止するためには、「これまでやったことのないことをやること」です。

　新しい食べ物、着たことのない服、読んだことのない分野の本などを試し、新しい人と出会いましょう。

　体力や心身の機能を失うことは辛いことですが、まだ人生を失ったわけではありません。しかし、精神の働きを失えば、「認識すること」、「考えること」、「判断すること」、「決定すること」などを失います。自分を失い、人間の特性を失い、やがて健康も人生も失います。人生への関心や興味や冒険心が高齢者の頭の働きを維持し、活力を支えます。「老いてもやる気」が人生を分けます。

え

がお10点　感謝が20

我慢30　元気で90

人に尽くして　満点です

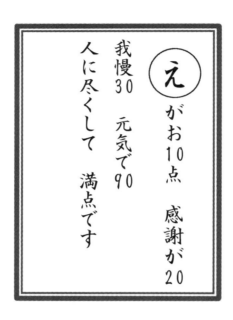

生涯現役の心意気をカルタにするとこんな風になるのかな、と思いました。いかがでしょうか？

人間は自然の一部です。子どもはまだ鍬の入らない荒地、成人は手入れの行き届いた田畑、高齢者は、往々にして休耕田になり、時に、長く放置された休耕田になっています。休耕田は、定期的に耕さなければ、たちまち薮になります。

霊長類ヒト科の動物として生まれた私たちは、しつけと教育によって、自然性を耕し、人間になりました。しかし、精神の老衰を放置すれば、やがて再び、ヒト科の動物に戻ります。生涯学習こそが手入れの原理と方法です。

てを打って
腕を回して　背を伸ばし
声張り上げて　思い出の歌

「ロコトレ」には、ラジオ体操なども大いに効果的ですが、単調で、退屈なのが玉に瑕です。そこで、毎日、好きな音楽に合わせて自己流のエアロビクスを工夫して身体を動かしてみてはいかがでしょうか。歌の好きな方は、歌詞を覚えて、歌いながら踊れば、「脳トレ」と「体操」を組み合わせることになります。

舞踊をなさる方々がいつまでも若々しいように、毎日の軽運動（有酸素運動）の効果は抜群です。体操が主食なら音楽はおかずのようなものです。好きな歌や曲ですから、身体が自然に動きます。演歌エアロビクスなら、1番から3番まで覚えて、声はり上げて歌いながら踊るのです。お陰で筆者もずいぶんいろいろな歌が歌えるようになりました。ただし、ご近所が変に思うかもしれませんので、カーテンを閉めることだけはお忘れなく!!

あ

りがとう

笑顔忘れず　失礼します

また会う日まで

お元気で

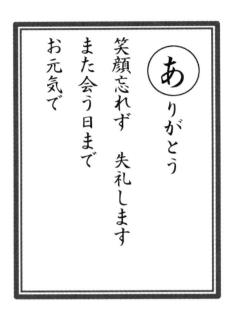

　高齢期は、心身の機能が衰えてくるので、いろいろ制約の多い時期です。若い時と違って、多くのことは望めず、先のことはわかりません。それゆえ、今日の出会いは最後の出会いになるかもしれません。一期一会の縁だと思えば、友のやさしさが身にしみます。

出会いはありがたく、茶道のいうように高齢期の交わりは淡くなります。これが最後かと思えば、縁は尊く、哀惜の情がこみ上げてきます。せめて明るく再会を約して前向きに生きましょう。

さびしさに

あなたを待ってる人がいる
あなたに会えてよかったと
言ってもらえる身の果報

「お裾分け」は日本の伝統です。自分が元気でいることができたら、その元気を少しだけ他の人々にも分けましょう。気遣いは、やさしさのお裾分けです。こころ配りは、いつでも、どこでも、誰にでもできるボランティアです。

「あなたに逢えてよかった」と言ってくれる人は何人いるでしょうか？

人が喜んでくだされば、自分が幸せになれるのです。

(き)ん肉
関節　心肺機能
気力　活力　希望と意欲
すべて訓練次第です

歩かない人は歩けなくなり、曲げない関節は曲がらなくなります。おむつを当てれば、段々自分で用がたせなくなることもわかってきました。

頭も同じです。読まない人は読めなくなり、書かない人は書けなくなります。一人暮らしで会話が途絶えれば、だんだん言葉を失います。

中でも、筋肉と心肺機能は一番正直です。筋肉は鍛えれば強くなり、鍛練を怠れば、消えてなくなってしまいます。高齢者が運動をやめると、筋肉は萎み、肺活量は低下します。高齢者にとって一番危険なのは、足腰の筋肉が衰えることです。足腰が弱ると移動が不自由になり、さまざまな活動ができなくなります。活動には、頭も、身体も、気も使いますから、それができないということは、全分野にわたり機能が急降下することに繋がります。

ゆく道は
神も仏も　代われない
誰も代わりに　生きられない

最後に人生の答を出すのは自分です。誰も代わりには生きられません。自分自身で日々の暮らしの心構えや戦略が立てられなければ、老後は加齢とともに心身は急速に衰えます。このカルタは、高齢者の日常の活力維持の具体的な方法を提案していますが、精神のあり方については、自分で探し、自分で決めなければなりません。人生の最後をどう生きて、どう死ぬかについて、既成の答があるはずはないからです。

人間の存在は「個体」です。それゆえ、痛みも苦しみも、幸も不幸も、人間の喜怒哀楽は誰かと代わることはできません。日本の言諺は、「人の痛いのなら3年でも辛抱できる」と言っています。あなたはあなた。オンリー・ユーのあなたです。誰ひとり、あなたの代わりに生きることはできないのです。

め

配りし

好き嫌いなく　よく噛んで

味は薄味　食養生

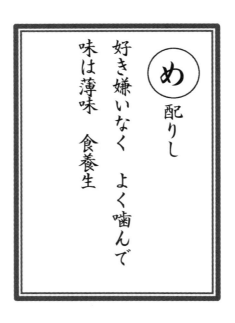

食育基本法まで制定された日々の食事は、養生の基本です。医食同源ともいわれ、医療の薬と同じように健康の源です。

長く日本人が食べてきた和食はすべてにバランスがよく、理想的な食事だ、と世界中で評判になっています。

いろいろな食材を取り合わせ、塩分を控えめにして、早食いを控え、よく噛んで、楽しく食べましょう。

(み)だしなみ
戸締まり　火の元
コンセント
財布　携帯　再確認

筆者が出かけるときの自己確認事項です。玄関の扉に張っています。

最近では、急に倒れたときのため、救急隊員が気付いてくれるよう、医師に当てた「尊厳死宣言」も追加しました。

カギは持ったか、忘れ物はないか、靴をはく前に確認します。一人暮らしの方々がみんなそうだ、そうだと言ってくれます。

外出準備が整ったら、ＪＲの駅員さんのように「指さし呼称」をして忘れないように注意しましょう。それでも忘れるのが高齢期です。

しゅみ・娯楽

孫の手本に　ボランティア

週に一度は　人のため

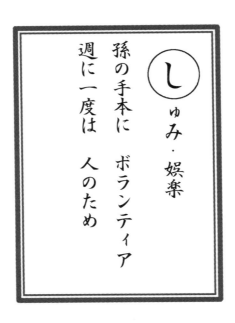

健康寿命の原理は、「社会から離れないこと」、「活動を止めないこと」、「安楽余生に流れないこと」の3つです。方法論は「読み、書き、体操、ボランティア」です。高齢者の元気を支えるのは、日常の活動です。その「活動」を支えるのは、「仲間」の存在や日常の社交です。

最近の欧米の研究では、健康寿命を延ばすために最も効果的とされるのは、「人とのつながりを維持すること」だそうです。ご近所にサロン活動、カフェ活動などがあれば、ぜひ覗《のぞ》いてみてください。社会教育の関係者も、「集う、繋ぐ、学ぶ」の原点に返って、高齢者の仲間づくりに重点を置くべきです。仲間がいて、社会とつながっていれば、活動はどんなことでもいいのです。高齢者の健康寿命を決めるのは、最終的に「人との繋がり」であり、「活動の縁」なのです。

ひ

び励む

清潔　簡素　身だしなみ
老いも挑戦　我が心映え

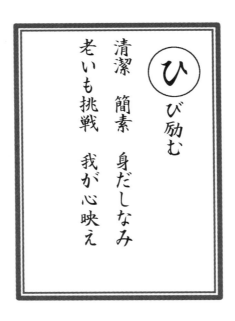

心身の衰えを自覚したら、思い切って「断捨離」を敢行しましょう。断捨離とは、「雑事を断つ」、「要らない物は捨てる」、「欲しないことから離れる」の3つです。歳をとってみると、身の回りに要らないものがたくさんあることに気付きます。不要品は、物だけに限りません。人間関係も、日常の義理や付き合いも同じです。

身の回りの雑事を整理して、シンプル・ライフにすることは老いの暮らしの必須事項です。特に、一人暮らしにとって、断捨離は生活を守る特効薬です。思いきって、要らない事物と縁を切って身軽になりましょう。過去を捨てるには、覚悟が要りますが、心に決めたら思いきって実践することが大切です。

も

くてきが

あなたを磨く

目標が　あなたを引っぱる

希望も見える

高齢者が自分自身の健康・活力を維持するにあたって一番大事なのは、老後の「考え方」と「暮らしの姿勢」です。高齢者の日々の暮らしに、明確な「目的」と「目標」があれば、「暮らし方」が決まります。

近い目標を積み上げて、遠い目標に至るという原理は昔から変わりません。今日の目標↓今週の目標↓今月の目標↓今年の目標という具合に積み上げていくのです。目標さえあれば、今日のすることが決まります。

目的ある人は生き生きしています。目的が脳を刺激し、人間を前向きにするからです。

せを伸ばし
膝の屈伸　ストレッチ
元気は日々の　手入れから

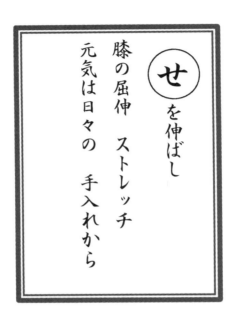

身体の手入れは、筋、関節、筋肉から始めます。高齢期は、部分的に強くすることより柔軟性を保つことが大事です。「ゆるゆる体操」を勧める人は、「バランスを取ること」、「身体の各部分を軽く揺すって力を抜くこと」が大事だといっています。

身体が柔らかくなると、血流もよくなり、転ばなくなり、転んでも大きな怪我をしなくなります。高齢者の身体はすぐに固くなるので、手入れは頻度が大切です。少しずつでいいのですが、毎日することが肝心です。好きな音楽でも聞きながら楽しくやりましょう。

すぎたこと
恨めば怒り　忘れれば
未来と希望　見えて来る

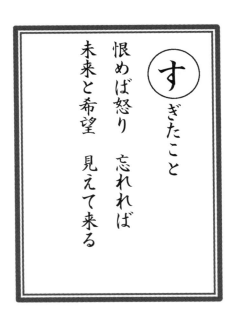

後期高齢期になるとしみじみ分かります。人生も自分のことも思うようにはならなかった、と。

長い人生ですから、いろいろ気に入らぬこともありました。しかし、昔の悔いや怒りを引きずっていると前へ進むことができません。忘れることは人間に与えられた神様の贈り物です。

過ぎたことは過ぎたこと、今を生き、明日のためにがんばりましょう。みんながいいます。「今日が人生で一番若い日」だと。今週の目標、今月の目標を立てて生きましょう。目標を立てれば「明日」が見えてきます。

あとがき――「ヒト」には戻らない！

1　休めば錆びる

「休めば錆びる（エジソン）」とは、仕事人間の言葉であろうが、高齢者に対する言葉でもある。隠居してのんびり暮らせば、心身の機能は錆びる。定年や引退は、現代社会の決まりだから仕方がない。しかし、人生のレースから降りたくないのなら、安楽に暮らしてはならない。「休めば錆びる」からである。現役についていけなくても、最後まであがいてみる。みっともないと思う人もいるだろうが、天晴れと思う人もいる。

終末の生き方は人それぞれだが、現役への執着は、人生を戦って生きようとする者の美学である。最近は、定年のない会社(＊1)ができたと聞く。もちろん、高齢者がどこまで「現役」として通用するのか、「自分の見切り」が難しく、仕事の「止め方・止めさせ方」が問題になるが、最後は「世間」に任せるしかない。それゆえ、生涯現役論は、高齢者に緊張を呼びかけ、精進を促すことになる。

「最後まで働こう」という発想は、高齢社会の行く末を予見したよい心がけだと思う。定年をなくした会社の発想についていきたいと思う。錆び付かずに生きるとは、人生のレースを降りないことである。だから自分の目標を決めなければならない。

この時、「廃用症候群」は、医学用語であると同時に教育用語にもなる。使わない機能が衰えるという医学的事実は、当然、「使っていれば、持つ」のだから、人間の機能は使い続けるべきであるという教育学上の原理になる。体力、知力、精神力に至るまで、人間の機能は、適度の負荷をかけて使い続けなければ「廃物（使用不能）」になるからである。

2　生涯学習論は「自業自得」論

個人主義の時代は「主体性」を過大評価して、個人の判断を持ち上げる。生涯学習の時代は、「選択権はあなたにある」といって、誰も大人の意志に干渉しない。個人の自由とは、「自律」が原則だからである。それゆえ、老後の「生きる力」の保持・存続は本人の意志に任される。高齢者の健康や自立も、当事者の自律意志の問題に還元される。誰も、表立って、本人の自己責任は問わないが、教育を軽視した生涯学習論は、結果的に「自業自得」論になる。「学習は大事だといったでしょ」、「あれだけ警告したはずです」というのは政治と行政の逃げ口上である。

老後の最後まで、個人の自由意志に任せるから高齢者は衰弱し、医療費・介護費は国家財政を破綻に追い込むのである。政治は今になって、財政健全化のために、高齢者の医療・介護の負担額を上げろ、と言い始めたが、負担に耐えられない高齢者は少なくない。かくして高齢者の貧困が増大し、「老後破産」とか「老人漂流」とかいう言葉が生まれる。高齢社会は泥沼化する。

繰り返すが、主体性論も、生涯学習政策も、人間の快楽原則を甘く見ている。高齢者教育を軽視してきた、文科省の責任は重大である。経済格差が解消できず、高齢者の貧困層が増していけば、「自業自得」論は、「健康で文化的な生活」を保障した憲法第25条に反する人権問題になる。

老後に心身が衰弱すれば、己に「負荷」をかけ続けることなどできるはずはない。だから、衰弱前の高齢者の教育が不可欠なのである。

3 「ヒト」に戻さない努力が不可欠である

介護の現場に起こる虐待は、人間性を失った「ヒト」に対する虐待である可能性が高い。訓練を受けた人々が「ありがとうの言える人間」を虐待するはずはない。介護の現場は、「人間」と「ヒト」とは異なった存在であるという事実を突きつけられたのである。気付いていないのは文科省と政治である。

恐らく、理性や意志を失って、人間は、自然の「ヒト」に戻っていく。アルツハイマー病や血管性認知症は今のところ防ぎようがないが、単なる「ボケ」の重症化は、油断の結果である。使わない頭は、使わない筋肉と同じく、使えなくなるのは当然である。己の老後を、戦ってそうなるのと、戦いを放棄してそうなるのとでは大いに異なる。身体的機能のすべてを失いながら、最後まで精神の豊かさと意志の力を失わなかった人はいる。生涯を自分の選んだ道に捧げようと奮闘している人も何人もいる。モデルに不足はないのである。教育行政の怠惰が「ヒト」を量産している。

（＊1）日経は大阪市の精密バルブ製造のフジキンを紹介している。

著者紹介

三浦清一郎（みうら・せいいちろう）

三浦清一郎事務所所長（生涯学習・社会システム研究者）
米国西ヴァージニア大学助教授、国立社会教育研修所、文部省を経て福岡教育大学教授、この間フルブライト交換教授としてシラキューズ大学、北カロライナ州立大学客員教授。
平成３年福原学園常務理事、九州共立大学・九州女子大学副学長。
その後、生涯学習・社会システム研究者として自治体・学校などの顧問を務めるかたわら月刊生涯学習通信「風の便り」編集長として教育・社会評論を展開している。最近の著書に『明日の学童保育』、『「心の危機」の処方箋』、『国際結婚の社会学』、『教育小咄～笑って許して～』、『詩歌自分史のすすめ』、『「消滅自治体」は都会の子が救う』、『隠居文化と戦え』、『戦う終活～短歌で啖呵～』、『子育て・孫育ての忘れ物』、『不登校を直す　ひきこもりを救う』、『老いてひとりを生き抜く！』、『「学びの縁」によるコミュニティの創造』、『差別のない世の中へ』（いずれも日本地域社会研究所）がある。福岡県生涯学習推進会議座長、福岡県社会教育委員の会議座長、中国・四国・九州地区生涯学習実践研究交流会代表世話人などを歴任。

高齢期《こうれいき》の生《い》き方《かた》カルタ

2019年3月5日　第1刷発行

著　者　三浦清一郎《みうらせいいちろう》
発行者　落合英秋
発行所　株式会社 日本地域社会研究所
〒167-0043　東京都杉並区上荻1-25-1
TEL　(03)5397-1231(代表)
FAX　(03)5397-1237
メールアドレス　tps@n-chiken.com
ホームページ　http://www.n-chiken.com
郵便振替口座　00150-1-41143
印刷所　中央精版印刷株式会社

ISBN978-4-89022-239-1